Küther
Ein Direktor geht vorbei

Kurt Küther

Ein Direktor geht vorbei

Gedichte eines Bergmanns

Herausgabe und Nachwort
Hugo Ernst Käufer

Peter Hammer Verlag

© Peter Hammer Verlag GmbH, Wuppertal 1974
Alle Rechte vorbehalten
Umschlag: Enric Rabasseda
Gesetzt in der Linotype Garamond
Druck: F. L. Wagener, Lemgo
Buchbinderei: Klemme & Bleimund, Bielefeld
ISBN: 3 87294 061 9

Inhalt

Unter Tage

Mein Gedicht   9
Im Gleichtrott des Bergmannslebens   11
Ein Direktor geht vorbei   12
Abbauhammer   13
Hierarchisches Konzert   15
Im Stahlstempelwald unter Tage   16
Bei den Flözweibern   17
Wälder in der Tiefe   19
Flözarbeiter   20
Kumpelsong   21
Hauer Gustav denkt voraus   22
Einmannakkord   24
Dazu kommt das Betriebsklima   25
Silikose   26
Erfahrung eines Bergmanns   27
Stehauf-Bergmann   28
Ist Opas Bergbau tot?   29
Unterm Eichstrich   30
Bergmannsrechnung   31
Püttrologie   32
Bergmannsglück   33
Nachtschicht   34
Viel hartes Wort   35

Über Tage

Schreiben in der Arbeitswelt   39
Heimkehr von der Nachtschicht   40

Achtstundenschicht 41
Kumpel geh mit 42
Möller-Rheinbaben 43
Tote Zeche 45
Für Geld 46
Wir brauchen dich 47
Hinter Mauern 48
Im Betrieb 49
Ich 50
Monoton 51
Kette 52
Divide et impera 53
Merksatz 54
Wir sind keine Automaten 55
Gastarbeiter 56
Arbeitsmarkt 57
Kleine Ballade von der Freiheit zur Sonne 58
Artisten 60
Zuviel und zuwenig 61
Streik 62
Klage eines lesenden Arbeiters 64
BILDung für fünfzehn Pfennig 65
Rechtschreibung 66
Demokratie 67
Konjunktur 68
Strom 69
Versammlung 70
Gedicht vom Notstand 71
Menschen-Geist 72
Pacem in terris 73

Nachwort 75

Unter Tage

Mein Gedicht

Wenn ich das Haus verlasse
– wie ich den Weg schon hasse
zur täglich gleichen Schicht –
beginnt die erste Strophe
zu meinem Gedicht

Wenn ich die Kleider tausche
und meinen Kumpels lausche
vor der Achtstundenschicht
wächst die zweite Strophe
zu meinem Gedicht

Wenn auf den Korb ich dränge
am dünnen Seile hänge
vor mir die lange Schicht
formt sich die dritte Strophe
zu meinem Gedicht

Wenn ich den Hammer führe
im Leib sein Beben spüre
und träge rinnt die Schicht
dehnt sich die vierte Strophe
zu meinem Gedicht

Wenn ich die Stempel setze
und mir die Haut zerfetze
und hoffe: bald sei Schicht
quält sich die fünfte Strophe
zu meinem Gedicht

Wenn ich nach oben sause
und unter heißer Brause
wegspüle Dreck und Schicht
klärt sich die sechste Strophe
zu meinem Gedicht

Wenn ich dann heimwärts gehe
die Menschen um mich sehe
nichts wissend von der Schicht
verklingt die letzte Strophe
Hier ist mein Gedicht

Im Gleichtrott des Bergmannslebens

Immer derselbe Weg
Immer dasselbe Ziel
Meine Schritte zur Zeche gelenkt
am Eisentor den Ausweis gezückt
die Marke mir in die Hand gedrückt
den Kleiderhaken herabgesenkt
Immer dasselbe Spiel
Immer zum selben Zweck
Schnell eine Zigarette geraucht
die Pulle in die Tasche gestaucht
den Weg zum Schacht, in den Korb gedrängt
tausend Meter tief hinabgehängt
Immer derselbe Dreck
Immer dieselbe Fron
Nacken gebogen, Knie gestemmt
In der trüben Luft, vom Staub durchwellt:
Kohle geschaufelt, Stempel gestellt
Schweißdurchsogen das löcherne Hemd
Immer derselbe Lohn
Immer im Erdenschoß
Den Hammer in die Wände gerammt
den Kopf gestoßen, die Haut zerschrammt
Nach der Schicht zu Hause langgelegt
umgefallen wie abgesägt
Immer derselbe Weg

Ein Direktor geht vorbei

Glückauf!
Glückauf!
Wie heißen Sie?
Ich bin der Hauer Küther
Was machen Sie hier?
Ich arbeite
Was arbeiten Sie hier?
Ich bohre
Wieviel haben Sie schon gebohrt?
Fünfzehn Löcher
Wieviel bohren Sie noch?
Zwanzig
So, so
Glückauf!
Glückauf!

Abbauhammer

I

Hammer ritze in die Wand
ein die Schmerzen meiner Hand
Schreib hinein ins schwarze Buch
auch meinen Fluch

Deine Tinte sei mein Schweiß
Feder führt mein wilder Fleiß
Und packt dich die blanke Wut
schreibst du mit Blut

Blatt um Blatt, das so gefüllt
wird vom Wetterwind zerknüllt
Was ich schrieb mit meiner Hand
ist schnell verbrannt

II

Narbiger Fäuste lebendige Klammer
umspannt den Griff am Abbauhammer
läßt ihn sich in die Kohle fressen
knatternd, dröhnend, wie besessen
Er frißt sich fort bis in die Hände
Und die Fingerknöchel schwellen
und die Handgelenke quellen
Werde ich den Hammer zwingen?
Den Arm hinauf die Schmerzen springen
graben ein sich in den Nacken
bis die Rückenwirbel knacken
lassen Kopf und Schulter beben
hämmern, hämmern sich ins Leben

Hierarchisches Konzert

Die erste Geige
spielt der Oberbüttel
manchmal sehr schrill
Doch wenn der Chef den Taktstock hebt
ist alles still
denn alle tanzen wie er will
Von Meterlatten
tönt der Berggeistwalzer
und die ihn fiedeln
bewegen sich im Dreischichtentakt
Im Grunde blasen alle nach Kumpelart
und alle in das gleiche Horn
Ich spiel im Konzert der Kohlenhacker
den zweiten Abbauhammer

Im Stahlstempelwald unter Tage

Astlose Kronen
auf eisenumrindeten Stämmen
strecken sich gegen felsgraue Wolken
Unwettergeladen droht der steinerne Himmel

Laublose Stümpfe
an hartstahlgewachsenen Bäumen
recken sich im Staubtropfenregen
Und den Wetterwind haben Maschinen geboren

Erzene Wälder
in ursandverdichtetem Boden
tragen Regionen felsiger Kämme
füllen granitene Felder nachttiefer Forsten

Unter Gewittern
irrt der Mensch im metallenen Gestrüpp
sucht den nach Hause führenden Pfad
begleitet vom hungrigen Pfeifen streunender Tiere

Bei den Flözweibern

Mit ihren schönen Namen
und engen Augenschlitzen
umwerben mich vier Damen
und ziehen mich zu sich herab
nach unten in den *Zollverein*
auf *Dickebank* bei *Sonnenschein*
und lehren mich das Schwitzen

Auf einer Bank aus Kohle
muß ich bei ihnen sitzen
da auf der achten Sohle
im flözträchtigen *Zollverein*
auf *Dickebank* bei *Sonnenschein*
darf ich bei ihnen schwitzen

Von diesen schwarzen Frauen
strahlt wohl die größte Hitze:
– ich sag es im Vertrauen –
die weiche, dunkle *Finefrau*
da unten in dem *Zollverein*
auf *Dickebank* bei *Sonnenschein*
an deren Brust ich schwitze

Die zweite der vier *Schönen*
läßt ihre Zähne blitzen
und lacht mit lautem Dröhnen

die dicke, fette *Anna*
tief unten in dem *Zollverein*
auf *Dickebank* bei *Sonnenschein*
zu rüden Berggeistwitzen

Mit ihren Fingerkrallen
den scharfgeschnittenen Spitzen
ließ sie sich auf mich fallen
die argwöhnische *Katharina*
um unten in dem *Zollverein*
auf *Dickebank* bei *Sonnenschein*
mir mein Gesicht zu ritzen

Dumpf parfümiert mit Düften
geschmückt mit Diamantgeglitze
fest in den schmalen Hüften
nimmt mich in ihre Arme *Laura*
da unten in dem *Zollverein*
auf *Dickebank* bei *Sonnenschein*
daß sie mich ganz allein besitze

So buhlen die vier Kohlenweiber
mich vollends zu besitzen
bieten mir ihre Leiber
auf *Dickebank* bei *Sonnenschein*
da unten in dem *Zollverein*
und ich muß mich verschwitzen

Wälder in der Tiefe

Wir verpflanzen ganze Wälder
in die Tiefe, unbelaubt
in die dunklen Grubenfelder
wo sie stehen, schwarzbestaubt

Unser Pflanzholz ist der Hammer
Setzt die Stempelreihen fest
daß des Berges Felsenklammer
sie nicht höher wachsen läßt

Die einst windgewiegten Kronen
die der Mensch gebrochen hat
tragen, daß wir sicher wohnen
alle Mauern unsrer Stadt

Flözarbeiter

Im Flöz arbeiten
heißt tief sich bücken
Narben einhandeln
auf dem Rücken
heißt auch:
Das Herz sich narben lassen
heißt füllen lassen
fremde Kassen
heißt Staub einschlucken
und nicht aufmucken

Was bleibt am Ende?

Zerstörte Hände
zerstörtes Herz
und Hustenschmerz

Kumpelsong

Auf und ab
ab und auf
Schicht und Schacht
Schacht und Schicht
vielmehr weiß ich nicht

Weiß und schwarz
schwarz und weiß
Kehle trocken
Kehle heiß
auf und ab
ab und auf
mein Lebenslauf

Hauer Gustav denkt voraus

Ich bin Hauer
und ich heiße Gustav
Auf der achten Sohle in Flöz Zollverein
setz ich Stempel
Der Hobel schält die Kohle
und die kippt man auf die Halde
Wird sie nicht mehr gebraucht?

Ich heiße Gustav
und ich bin Hauer fünfzehn Jahre schon
Auf der achten Sohle in Flöz Zollverein
hab ich Anspruch auf den Hausbrand
und auf Bergmannsrente
Meine Frau putzt ein Büro
wir sparen auf ein Auto
Opel oder Ford, gebraucht

Noch bin ich Hauer
und ich heiße Gustav
Da auf der achten Sohle
kommt mir in Zollverein
die Sache mit der Kohle
langsam komisch vor

Ich glaub ich pfeife auf den Hausbrand
und auf Bergmannsrente
Schrottautos kippt man auch auf Halde
Doch Hilfsarbeiter bei Ford und Opel
werden noch gebraucht

Einmannakkord

Die Lunge pumpt
das Herz schlägt schnell
in den Ohren staut sich Hammergebell

Vom Helm
verdampft das schmale Licht
Staubschminke pudert das Gesicht

Am Schaufelstiel
krampft sich die Hand
die Kehle dörrt durstiger Brand

Ans Liegende
das Knie gepreßt
den Leib umwolkt Schießschwadenpest

Die Haut
zerschwemmt salzsaurer Schweiß
die Schläfe pocht, das Blut kocht heiß

Das Hirn
betäubt ein einzig Wort
und treibt den Körper: Einmannakkord

Dazu kommt das Betriebsklima

Wetterlage: Förder-Hoch
Der Betriebsführer strahlt den Ober an:
Mann
Prämiensegen in den Kassen
Selbst der letzte Kumpel fängt an
sich wie ein Mensch zu fühlen

Wetterlage: Förder-Tief
Der Ober brüllt den Steiger an:
Mann
Leer bleiben die Nebenkassen
Selbst der beste Kumpel fängt an
sich nicht mehr als Mensch zu fühlen

Bergbau-Wetter-Aussichten:
Mann, Bergmann
Wenn das nicht gründlich anders wird
dann zieh dich warm an

Silikose

Es brennt in meiner Brust
ein ganzes Flöz
Husten schlagwettert
aus dem Stollenmundloch
Wetterzug kriecht in zerfransten Lutten
Die Sumpfpumpe
fördert sauerstoffarme Rinnsale
im Kreislauf
kalker Aderstrecken
Schläfen hämmern Schachtsignale
Weitverzweigt
in meiner Brust
das ganze Bergwerk schuftet
frißt tiefer sich und tiefer
Die letzte Schicht ist lang

Erfahrung eines Bergmanns

Einst nannte man mich
den Helden der geschlagenen Nation
und setzte mir Denkmale
aus Druckerschwärze und Papier
Jetzt sind die Sockel leer
und die Inschriften sind verwaschen
Mit Mühe kann ich noch entziffern:
Wir werden dich nie vergessen

Stehauf-Bergmann

Du fällst in die Nacht
und stehst wieder auf:
Bergmann
Stehaufmann im Schacht
Du fällst in die Kohle
du fällst in den Staub
du fällst in den Tag
und wieder in Nacht
und immer wieder
hebst du dich auf:
Bergmann
Stehaufmann im Schacht

Ist Opas Bergbau tot?

Die Zeche ist anders geworden
größer, schneller, rationeller
Wir sind modernisiert
teil- und vollmechanisiert
Stellt den Abbauhammer ins Museum
Kumpel, schmelzt die Pannschüppen ein

Und träge ruht der Berg
mit stromgefülltem Zwirn gefesselt

Dann spannt er die steinernen Arme
faucht seine gasige Wut durch die Stollen
läßt uns wie Lochkarten fallen
totgestanzt trotz Elektronengehirn

Die Zeche ist anders geworden
größer, schneller, rationeller
Wer programmiert die Gefahr, die blieb
die neuen Gefahren, und wer,
wer zahlt den modernen Lohn?

Unterm Eichstrich

Wir gleichen gewogenem Menschenfleisch
gepreßt auf die Schale der Waage
der Zeiger schlägt aus, wir wiegen tief
bis unter den Eichstrich der Tage

Wir sinken bis zum Anschlag schnell
befrachtet mit schweren Gedanken
Geleichterte Gegenlast rast vorbei
durch das Waagegestell geht ein Schwanken

So werden wir täglich gewogen
hinauf und hinabgezogen
zwischen Schatten und Sonnenlicht

nie hält die Waage ihr Gleichgewicht
Ob die Schale steigt oder fällt
stets hängen wir unter dem Eichstrich der Welt

Bergmannsrechnung

Ich zähle zusammen:
Staub, Lärm und Hitze
rechne dazu, daß ich mächtig schwitze
und ziehe ab das Sonnenlicht
das macht zusammen: Achtstundenschicht

Ich rechne weiter:
Durst und Dreck
nehme die Anerkennung weg
und zähle dazu einen Bergmannsfluch
der ist zwar laut, doch er schlägt nicht zu Buch

Jetzt kommt die Gleichung:
Lohn + Dividende =
X-Quadrat durch Arbeitshände
daraus die Wurzel – nicht die der Rüben –
Rechnen üben, Kumpel, Rechnen üben

Püttrologie

Ich bin Student der Püttrologie
trag blaue Schmisse im Gesicht
ich studiere schon dreißig Semester
verderb mir die Augen bei trübem Licht

Auch wenn mir die Uni nicht gefällt
ich muß weiter studieren
wie lange? das ist ungewiß
und niemals werde ich promovieren

Meine Coleur ist das Gelb der Kunststoffmütze
ich pfeife manchmal sogar ein Lied
in der tristen Studentenbude
worin es aus allen Fugen zieht

In meiner Corporation
das beweisen im Gesicht die Narben
da schlägt man eine harte Mensur
bei den Burschen der schwarzen Farben

Ein Stipendium habe ich nicht
das ist nun mal so bei der Püttrologie
doch dafür lernt man niemals aus
in der Brennstoffakademie

Bergmannsglück

Du wirst geboren
Sechs Jahre Spiel
Acht Jahre Schule
Was ist dein Ziel?

Drei Jahre Lehre
Bist Knappe dann
Mit einundzwanzig
giltst du als Mann

Du bist nun Hauer
Ist der Berg dir hold
hast du mit fünfzig
den Bergmannssold

Die Lunge zerfressen
Die Arme wie Blei
Hast du Glück
dann kommen zehn Jahre dabei

Invalide mit sechzig
Du schaust zurück
Du überlebtest
Du hattest Glück

Nachtschicht

Zum starken Kaffee
ein Stück vom Fernsehspiel:
Durbridge unvollendet
wie der Abend
Ein Hauch von Mund zu Mund
wechselseitig ein Gruß
ein Druck der Hand
Gute Nacht
Gute Nacht
Glück Auf

Viel hartes Wort

In Staub und Dreck der Schichten
fand ich viel hartes Wort
und keine Zeit zu sichten
da unten gleich vor Ort

Nach Staub und Dreck der Schichten
setzt sich viel hartes Wort
das will ich euch berichten
von unten da vor Ort

Aus Staub und Dreck der Schichten
wird so viel hartes Wort
zu Zeilen in Gedichten
gesammelt da vor Ort

Über Tage

Schreiben in der Arbeitswelt

Ich brauche das Leben nicht zu suchen
Millionen leben es mit mir
Ich brauche nach Flüchen nicht zu horchen
Millionen fluchen neben mir
Ich brauche Worte nicht zu erfinden
Millionen sprechen neben mir
Ich brauche zum Volk mich nicht zu beugen
Millionen beugen sich mit mir
Ich brauche nach Schwielen nicht zu fühlen
ich spür sie selbst in meiner Hand
Ich brauche Schweiß nicht zu beschreiben
läuft er doch selbst an mir herab
Ich brauche Schmerz nicht nachzuempfinden
spür ich ihn selber doch in mir
Kritikern brauche ich nicht zu schmeicheln
Kritiker sind alle neben mir

Heimkehr von der Nachtschicht

Das Kleiderbündel in der Hand
setz ich langsam Schritt vor Schritt
nur mein Schatten trottet mit
an der langen Backsteinwand

Ausgespuckt hat mich der Schacht
in den Morgensonnenschein
Doch was solls, mein Weg ist kurz
Gleich umfängt mich wieder Nacht

Und das Förderturmskelett
wirft mir seinen Schatten nach
Wenn das Leben draußen blüht
wälz ich schlaflos mich im Bett

Achtstundenschicht

Wie jemand
dem nach langer Blindheit
der Star genommen
schauen wir ins Licht
nach der Achtstundenschicht

Acht Stunden nur?

Doch unter Tage
geht halb so schnell die Uhr
und doppelt zählt jeder Tag

Kumpel geh mit

Kumpel geh mit
Steh mir bei
Zweisamer Schritt
macht uns frei
Macht leichter die Fron
und Schatten heller
Komm schon, Kumpel
Zu zweit gehts schneller

Möller-Rheinbaben

Wir sind die Kumpel von Möller-Rheinbaben
Wir haben viele Schichten gefahren
mit Schürfgezäh und Grubenlicht
Doch die schwerste Schicht
das war die Schicht auf der Straße
ohne Schürfgezäh und Grubenlicht
die Schicht hieß   *Protest*

Wir haben vom Schachtturm Möller-Rheinbaben
Schwarzfahnen in den November getragen
Im Trommelschlag gingen wir stumm
Statt Schürfgezäh und Grubenlicht
hielten Fäuste Spruchbandplakate
Möller-Rheinbaben darf nicht sterben
Protest   Das dulden wir nicht

Mit uns fuhren Männer der Kirchen
Voran im Zug der Rat der Stadt
Mit uns unsere Frauen und Kinder
Handwerker kamen, die Kaufmannschaft
kaum einer von ihnen hatte Kohlen gegraben
unter dem Schachtturm von Möller-Rheinbaben
Sie fuhren mit uns die Schicht   *Protest*

Unter dem Schachtturm von Möller-Rheinbaben
haben wir Kohle gegraben
mit Schürfgezäh und Grubenlicht
und Millionenwerte zu Tage gebracht
Doch der vom *Volk* gewählte Minister
will einem Kranken die Glieder abhacken
damit der Kranke gesunde
Das schärfte die Schicht noch   *Protest*

Wir waren Volkes Stimme
wir waren Volkes Wut
Wir fuhren mit hoffendem Grimme
wir fuhren mit grimmigem Mut
wie oft mit Schürfgezäh und Grubenlicht
Doch eine Aufsichtsratsstimme wog mehr
mehr als die Schicht   *Protest*

Tote Zeche

Kein Räderspiel
kein Wagenprellen
kein Seiltanz mehr

Nicht Dampfgezisch
noch Schachtsignal
kein Nagelschritt
zur Hängebank

Nur Stille
und Rost und Rost

Und Totentanz
der Mücken
über
zugekipptem Schacht

Für Geld

Mensch will ich sein
und fahre ein
und jahrelang
bin ich vor Ort kein Mensch
Ich bin kein Mensch
für Geld

Doch plötzlich
bin ich Mensch
dann grüßt man mich
und nennt mich Herr
und zieht vor mir den Hut
Zwei Wochen lang
im Urlaubsort
bin ich ein Mensch
für Geld

Ich bin ein Mensch
und fahre ein
und wiederum
bin ich vor Ort kein Mensch

Ich war ein Mensch
zwei Wochen lang
im Urlaubsort
für Geld

Wir brauchen dich

Wir brauchen dich
und wie wir dich brauchen
Du sollst uns den Geldsack füllen
Wir sind in Sorge um dich
und um die Produktion
Mach bloß nicht schlapp vor der Zeit
dann können wir dich nicht mehr gebrauchen
Was dann?
Bedenke:
Auch der Bauer mästet sein Vieh

für H. G. Wallraff

Hinter Mauern

Staubblinde Fenster
Eisengitter
rundherum Mauern
Ein Gefängnis?

In der Mauer
ein Durchlaß
ein Wächter davor
Eisengitter
Ein Gefängnis?

Hinter der Mauer:
Zucht, Ordnung, Arbeit
Ein Gefängnis?
Nein
Eine Fabrik

Im Betrieb

Ich ziehe die Gesellschaftsjacke aus
streife den Betriebsrock über
bin nicht mehr Ehemann und Vater
Hinter der Stempeluhr
gilt ein anderes Gesetz
Doch ich erinnere mich:
Grundgesetz, Artikel eins
Die Würde des Menschen ist unantastbar
Das ist hier die Frage

Ich

An der Maschine steh ich
vor mir am Rädchen dreh ich
ich hab nicht mehr zu tun

Mit der Maschine leb ich
am Rädchen vor mir kleb ich
ich bin ein Teil von ihm

Morgens um sechs Uhr komm ich
und mittags zwei Uhr geh ich
ich hab mich dran gewöhnt

Erst dreißig Jahre zähl ich
vor meinem Leben steh ich
ich und davor das Rad

Und manchesmal da denk ich
das Rad vor mir zerbrech ich
ich tu es aber nicht

Und der Direktor lobt mich
und was er denkt das weiß ich
ich bin ein braver Mann

Monoton

Vom Dach der Fabrik der Sirenenton
monoton
saugt trappelnde Schritte zur Tagesfron
monoton
In der großen Halle schmerzende Phon
monoton
Fließbänder in stetiger Rotation
monoton
und Handgriff und Handgriff in Resignation
monoton
für eingetüteten Wochenlohn
monoton
Schichtende plärrt der Sirenenton
monoton
und schlurfende Schritte entfliehen der Fron
monoton
taumeln in die Arme der Television
monoton

Kette

Glieder sind wir
einzeln geschweißt
aneinander gefügt
eine Kette

Reißt ein Glied?
Kurze Unterbrechung
Neu geschweißt
ein Glied angehängt

Denn die Kette
muß ganz sein
den Wagen soll
sie ziehen
der Arbeit heißt

Divide et impera

Wir teilen uns die Arbeit
sagte der Fabrikherr
und verteilte sie
fortan nannte man ihn Arbeitgeber

Wir werden die Arbeit
nehmen müssen
sagten die Arbeiter
fortan nannte man sie Arbeitnehmer

Wir bilden eine Familie
sagte der Arbeitgeber
und er bildete sich ein
er wäre der Vater

Ein Vater muß streng sein
sagten die Arbeiter
und beugten die Nacken
gibt er uns doch unser täglich Brot
nicht nur heute
sondern auch morgen

Als der Fabrikvater starb
wunderten sich die Arbeiter
daß er vergessen hatte
sie in seinem Testament
zu bedenken

Merksatz

Die Lohntüte in der Hand
ist besser als die Hand
des Direktors auf deiner Schulter

Wir sind keine Automaten

Schaut uns an
Schaut in unsere Gesichter
Seht ihr Schaltknöpfe
oder Drucktasten?
Nein
Denn wir haben Nasen
und Ohren wie ihr
Wir haben in unseren Leibern
keine Elektronen
die ihr steuern könnt
und in den Hirnen
keine kunststoffumhüllten Drähte
Wir haben Gedanken
und wir haben Gefühle und Wünsche
Wir sind keine Automaten

Gastarbeiter

Er suchte Gold
er suchte Glück
tauschte Sonne gegen Regen
Wein gegen Bier
Lire gegen Mark
Wärme gegen Frost

doch er fand nur Geld
Und er fand Einsamkeit

Arbeitsmarkt

Ich werfe meinen Leib in die Waage
Geist wiegt nicht mit
Manageraugen
betasten das weibliche Angebot
Der Testbogen wiegt die Gegenschale
Werkärzte prüfen die Ware
auf Frische und Gehalt
die Jugend wiegt doppelt
Das Alter wandert in die Mülltonnen
der Arbeitsmarktbehörde
Die Marktüberwachung nennt das marktsozial
Am Sozialmarkt
hat der Stärkere recht

Es stimmt hier nicht
das Eichgewicht

Kleine Ballade von der Freiheit zur Sonne

Ich begegnete ihm auf der Straße
ich kannte ihn nicht
er lüftete den Hut und fragte höflich
Können Sie mir den Weg zur Sonne zeigen?

Ich sagte
Den Weg zur Sonne?
gern
der führt
über die Freiheit
und kommt
aus der Einigkeit

Er
schaute mich groß an
Idiot
las ich von seiner Stirn
doch er
blieb höflich
Jener Weg
interessiert mich nicht
ich meine den andern
den zum Lokal

Sie müssen wissen
ich bin Jubilar

fünfundzwanzig Jahre
bei Stinnes
und in der Sonne
feiern wir heute
dieses Fest

Ich erwachte
Zum Lokal
da müssen Sie
die Bürgerstraße gehen
gleich rechts
können Sie
die Sonne sehen

Danke
Er lüftete
den Hut
und ging
über die Bürgerstraße
rechts ab zur Sonne
um fünfundzwanzig
Jahre Zwang
zu feiern

Ich blieb zurück
Ich bin ein Träumer
Brüder zur Sonne zur Freiheit
Laßt mir den Traum

Artisten

Bei uns in der Fabrik
da gibt es einen
der steht ganz oben

Bei uns in der Fabrik
da gibt es einige
die stehen in der Mitte

Bei uns in der Fabrik
da gibt es viele
die stehen ganz unten

Der Obere
steht auf den Köpfen
der Mittleren

Die Mittleren
stemmen sich auf die Schultern
der Unteren

Die Unteren
müssen auf ihren eigenen Füßen stehn

Wer will ihnen wehren
zu bestimmen
wer auf ihren Schultern zu stehen hat?

Zuviel und zuwenig

Über wenige Dinge
wird zuviel geredet
Über viele Dinge
wird zuwenig gesprochen
Wenige nur dürfen viel wissen
Viele wissen zuwenig
Zuviele wollen nichts gewußt haben
Wenige nur sind begnadet
doch gibt es begnadete Viele

Es haben wenige zuviel zu bestimmen
Zuviele haben zuwenig zu bestimmen
Immer werden zuviele zuwenig gefragt
und immer werden zuwenige zuviel gelobt

Einigen ist das zuviel
Aber sie sind noch zuwenige
und die Vielen haben immer noch nicht erkannt
daß sie wenigstens das Einmaleins gelernt haben
um sich zu zählen

Streik

Streik ist unser letztes Mittel
Die im grauen Arbeitskittel
täglich an der Werkbank stehn
oder die im dunklen Stollen
wenig nur die Sonne sehn
denen man ganz unverhohlen
kommt mit Maßhalteparolen

Streik so schreit es von Plakaten
Kampf den Wirtschaftspotentaten
Deren Macht unheimlich wächst
denen es nach mehr noch lechzt
ob die Kurse höher schnellen
ob die Kassen überquellen

Streik so schreits aus gutem Grund
Wir leben von der Hand zum Mund
Kein Kapital ist unser eigen
und die Preise steigen, steigen
Weltenplätze sind uns fern
nah bleibt uns nur der Konzern

Streik so soll es heute sein
Kein Mensch in die Fabrik hinein
Macht die großen Tore dicht
In den Hallen löscht das Licht
Laßt uns heute einig sein
Kein Mensch in die Fabrik hinein

Klage eines lesenden Arbeiters

Frau
du murrst
weil ich zehn Bücher besitze
und daß der Staub einer Woche
auf ihnen liegt
Ein Staubtuch kostet doch nur ein paar Pfennige
Sicher, die Bücher sind teuer
sie kosten soviel
daß du dir einen Mantel
für das Geld kaufen könntest
und der kostet soviel
wie ich in fünf Schichten verdiene
Eine Woche hat fünf Schichten
und die nehmen mir die Zeit zum Lesen
Hätte ich immer Zeit zum Lesen
legte sich nicht soviel Staub
auf meine zehn Bücher
und du brauchtest nicht
den Staub von ihnen wischen
Vielleicht könnte ich dann eines Tages
den Staub dieser Zeit wegwischen

BILDung für fünfzehn Pfennig

Zwischen Frühstücksbrot
und Mittagsmahlzeit
schlingen
Millionen Augenpaare
Schlagzeilenfutter aus der Massenküche
Eineinhalbgroschenkost
halbgar gekocht
mundgerecht serviert
Gaumenkitzelnervennahrung

Prost Mahlzeit
wenn diese Kost
gekaut verdaut
den Wohlstandsacker
für übermorgen düngt

Rechtschreibung

Das Wort Ich
wird zu stark betont
und steht zu oft am Anfang
Aber wie soll es anders ein?
Lernten wir in der Schule nicht
Ich du er sie es wir ihr sie?
Laßt uns das *Wir* mehr nach vorne rücken

Demokratie

Stimmlos
standen wir
dem Taktstock
eines Dirigenten gegenüber
träge tanzten wir
nach den Flötentönen
seines Orchesters
Jetzt
halten wir
die Instrumente
in den Händen
und es liegt an uns
die richtigen Töne
zu greifen

Konjunktur

Noch schlagen die Wellen hoch
und die Steuerleute haben Mühe
das Ruder zu halten
Erst in der Flaute
gibt der Kapitän
das Kommando *Kurshalten*

Doch sein Patent gilt nur befristet

Strom

Ans Netz geschlossen
stehen wir unter Spannung
im Gleichstrom der Erwartung
in den Wechselströmen des Zufalls
im Allstrom der Gefühle

Kriechströme wellen unterschwellig
in Rot und Gelb und Grün
und schalten uns

Knisternd springen
die Funken
von Pol zu Pol

Kurzschluß droht den
überlasteten Nervenkabeln

Blechtafeln blitzen Vorsicht
Metall in Metall
Sicherungsbruch

Ein Mensch verbrennt im Lichtbogen

Versammlung

Wir trafen uns
wir haben diskutiert
wir stimmten ab
wir gingen heimwärts
mein Begleiter
schlug seinen Mantel fester
Verdammt
sagte er
mich friert

Gedicht vom Notstand

Alle Staatsgewalt geht vom Volke aus
Alle Staatsgewalt geht vom Volke
Alle Staatsgewalt geht vom
Alle Staatsgewalt geht
Alle Staatsgewalt
Alle
Alle Staatsgewalt geht vom Volke
Aus

Menschen-Geist

Der Mensch
der Schöpfung edelstes Tier
bekam neben dem Hirn
noch den Verstand

Und er erfand das Rad
die Dampfmaschine
und die Verbrennungsmaschine
das unterschied ihn von den anderen Tieren

Und er erfand die Steinschleuder
und Pfeil und Bogen
die Muskete, die Kanone
und die Rakete
das unterschied ihn von den anderen Tieren

Und er erfand den Galgen
die Guillotine
den elektrischen Stuhl
und die Gaskammer
und er nannte sich Mensch

Pacem in terris

So wie ich das verstehe
sind das die Brötchen am Morgen
und am Abend ein Bett
für eine ganze Nacht
Sirenenruf zur Arbeit
nicht in den Luftschutzbunker
aus Hochöfen und Koksbatterien
Röte am Himmel
nicht aus Geschützbatterien
Das Wort muß frei sein
nicht Angst vorm Genickschuß
Redeschlachten der Politiker
nicht Reden an Heldengräbern
Im Licht der Schaufenster
Gang durch die Straßen
Trommelwirbel des Schlagzeugers
in der Bar beim Tanz
nicht zur Hinrichtung
nicht sterben
wenn ein anderer es befiehlt
nur ableben
einfach so im Bett
siebzig- oder achtzigjährig
der Brief des Freundes
aus Frankreich

aus der UdSSR
unzensiert

Streik der Arbeiter
nicht Notstandsregelung

Friede mag auf Dauer langweilig sein
für Hitzköpfe
doch gewöhnen kann man sich an ihn
Friede
das ist nur ein Bett
für eine ganze Nacht
und die Brötchen am Morgen
Friede ist
wenn alle dasselbe darunter verstehn
wenn alle davon wissen

Nachwort

Kurt Küthers biografische Daten sind schnell aufgezählt: 1929 in Stettin geboren, Besuch der Volks- und Handelsschule, Vater selbständiger Gewerbetreibender. 1945 muß Küther vorzeitig die Schule verlassen und wird zum Volkssturm eingezogen, gerät in russische Gefangenschaft. Nach der Entlassung arbeitet er drei Jahre in der Gärtnerei seines Vaters in Schleswig-Holstein mit. Seit 1948 lebt er im Ruhrgebiet (Bottrop). Zweiundzwanzig Jahre lang (1948–1970) ist er auf verschiedenen Zechen als Hauer tätig, ab 1970 arbeitet er als Angestellter einer Zechenverwaltung in Gelsenkirchen.

Das schreibt sich alles so leicht hin, das läßt sich chronologisch schön auffädeln, wie das bei Lebensläufen so üblich ist. Zweiundzwanzig Jahre lang als Hauer im Bergbau tätig. Das sind mehr als 6000 Schichten mal 8 Stunden unter Tage, ohne Tageslicht, ohne Sonne, dem Steinstaub ausgesetzt (sprich Steinstaublunge), von Schlagwetterexplosionen bedroht, dem berstenden Berg ausgeliefert, trotz der modernen Abbaugeräte eine Knochenmaloche, das sind Unfälle und Körpermacken, fahle ausgetrocknete Haut, blaue Narben im Gesicht, das sind knappe Verschnaufpausen, bevor der Rummel wieder losgeht, das sind aber auch Streiks um gerechteren Lohn, gegen Zechenstillegungen und soziale Mißstände.

Küthers Gedichte zeigen, wie es im Bergbau zugeht, er hat seine Motive, wie man so zu sagen pflegt, »aus erster Hand«, »am eigenen Leib erlebt«, über Glaubwürdigkeit ist bei diesem Schreiber nicht zu rechten: was er in diesem Band aufgeschrieben hat, ist unverstellte Information, die den Zeitgenossen unmittelbar anspricht. Das kann man nicht immer von Gedichtbänden sagen.

Küther schreibt seit 1962, vor allem »Bergwerksgedichte«, Kurzgeschichten, Satiren und Glossen. Der um die Bergarbeiterliteratur hochverdiente Kulturfunktionär der IG Bergbau und Energie Walter Köpping hat ihn entdeckt, ihm die ersten Abdruckmöglichkeiten verschafft, z. B. in der »Einheit« und »Gewerkschaftlichen Rundschau«. Seitdem hat Küther in mehreren Anthologien veröffentlicht, u. a. in »Aus der Welt der Arbeit« (1966), »Spiegel unseres Werdens« (1969), »Revier heute« (1972), »Für eine andere Deutschstunde« (1972). Der aus dem Bochumer Raum stammende Bergarbeiterdichter Heinrich Kämpchen (1847–1912), der um die Jahrhundertwende der bis dahin mehr romantischen Bergarbeiterdichtung sozialkritische Impulse verlieh, ist Küthers Vorbild.

Wie sieht Küther seine Aufgabe als Schreiber, was will er mit seinen Texten erreichen? Ist das nicht alles mehr als eine lobenswerte Feierabendbeschäftigung anzusehen, ein vernünftiges Freizeithobby? wie clevere Freizeitmanager sagen würden. In dem wichtigen dokumentarischen Band »Arbeiterdichtung« (Wuppertal 1973), der zum erstenmal in dieser Ausführlichkeit Analysen und Bekenntnisse zum Thema Arbeiterliteratur versammelt, schreibt Küther: »Ich bin Bergmann und habe die Absicht, in meinen Schriften die schwere, dreckige und gesundheitsgefährdende Arbeit des Bergmanns sichtbar zu machen. Ich wende mich gegen die Abstempelung des Menschen im Betrieb zur Nummer und übe Zeitkritik. Ich versuche nicht nur für meine Kumpel zu schreiben, sondern auch für diejenigen, die der Arbeitswelt verständnislos gegenüberstehen. Ich rufe auf zur Einigkeit der Arbeitsabhängigen gegen Kapitalismus und Unterdrückung.«

Zusammen mit seinen in Gelsenkirchen lebenden Kumpeln Josef Büscher und Richard Limpert hat Küther in seinen besten Gedichten die Bergarbeiterliteratur stilistisch an die moderne gesellschaftsengagierte Lyrik der Gegenwart herangeführt. Das beweisen Texte wie »Ein Direktor geht vorbei«, »Hinter Mauern«, »Im Betrieb« und »Artisten«.

Der Band enthält ausgewählte Texte aus einem Jahrzehnt und gibt erstmals einen umfassenden Überblick über das literarische Schaffen Kurt Küthers.

Hugo Ernst Käufer

Hildegard Wohlgemuth

Wen soll ich nach Rosen schicken

Gedichte, Balladen, Chansons
104 Seiten, broschiert, DM 12,–

Diese Gedichte sind nicht zum »Umblättern« oder zu lesen »vor dem Schlafengehen«. Sie gehen unter die Haut und reichen von zarter Lyrik bis zu harten Rhythmen. Die Dichterin besitzt Kraft und Sprachgewalt, Erschautes und Erlebtes künstlerisch zu gestalten. Durch Krieg und Flucht ist sie gegangen. In ihren stärksten Gedichten haben sie Niederschlag gefunden.

Neues westfälisches Schrifttum

Liselotte Rauner

Wenn der Volksmund mündig wird

Slogans, Songs und Epigramme
Mit einem Nachwort von Josef Reding
80 Seiten, broschiert, DM 8,–

Umwelt der Rauner ist das Ruhrgebiet. Und da der Industrieraum zwischen Rhein und Ruhr nicht nur Versuchsterritorium für manchen Konsum-Tinnef ist, sondern auch Testgebiet für gefährlichen Wort-Tinnef, wohnt Liselotte Rauner richtig. Was die Rauner fordert, ist machbar.

Peter Hammer Verlag · Wuppertal

Sie schreiben
zwischen Moers und Hamm

Bio-bibliografische Daten, Fotos und Texte
von 43 Autoren aus dem Ruhrgebiet

Herausgegeben von Hugo Ernst Käufer und Horst Wolff
ca. 240 Seiten, Pappband, ca. DM 12,–

Der Band umfaßt die im Ruhrgebiet geschriebene Literatur und stellt die Urheber ausführlich vor. Autoren: Liselotte Rauner, Hildegard Wohlgemuth, Max von der Grün, Wolfgang Körner, Kurt Küther, Josef Reding, Fred Viebahn, Hannelies Taschau, Bulkowski u. a.

Arbeiterdichtung

Analysen, Bekenntnisse, Dokumentationen

Herausgegeben von der Österreichischen
Gesellschaft für Kulturpolitik
324 Seiten, broschiert, DM 26,–

In diesem Standardwerk wird ein Jahrhundert deutschsprachiger Arbeiterdichtung überblickt. Die Literatur der DDR, der Schweiz, Österreichs und die verstreuten Arbeiten deutscher Emigranten sind voll berücksichtigt.

Peter Hammer Verlag

Lyrik bei Hammer

Gedichte der Nachgeborenen

Wir Kinder von Marx und Coca-Cola

Texte von Autoren der Jahrgänge 1945–1955
aus der Bundesrepublik, Österreich und der Schweiz
Herausgegeben von Frank Brunner, Arnim Juhre und Heinz Kulas
200 Seiten, broschiert, DM 15,–

Gedichte der Nachgeborenen

Ich nenn euch mein Problem

46 junge, in der DDR lebende Poeten
der Jahrgänge 1945–1954
Herausgegeben und mit einem Vorwort von Bernd Jentzsch
176 Seiten, broschiert, DM 12,–

und bei Jugenddienst

Gedichte aus der Bundeswehr

Herausgegeben von Helmut Böger
144 Seiten, broschiert, DM 9,80

Poeten beten

Anrufe in Texten der Gegenwart
Herausgegeben von Wolfgang Fietkau
132 Seiten, broschiert, DM 10,–

Jugenddienst- und Peter Hammer Verlag